Nathalie Kuperman

Ma mère est partout

Illustrations d'Aurélie Guillerey

Mouche
l'école des loisirs
11, rue de Sèvres, Paris 6e

Du même auteur à *l'école des loisirs*

Collection MOUCHE

Attention fou rire
C'est normal !
Cinq sorcières
Carlotta et les monstres
Mensonges et vérité
Le cauchemar qui voulait devenir pianiste
Carlotta et le poisson d'argent
Punie !
Sacrée Kornebik

Loi n° 49.956 du 16 juillet 1949 sur les publications destinées à la jeunesse : avril 2013
Dépôt légal : avril 2013
Imprimé en France par I.M.E

ISBN 978-2-211-21216-8

Pour Carlotta

Chapitre 1
Des bruits bizarres

Schroupf, scratch, strompf, chpoq…

Pendant que la maîtresse nous parle des fleuves qui se jettent dans la mer, des bruits bizarres attirent mon attention et m'empêchent de savoir si les fleuves prennent leur élan, s'ils se bouchent le nez ou s'ils tremblent de peur (comme moi quand je dois sauter du plongeoir).

Schritch, ploq, groumpf…

D'où viennent ces bruits ? Personne d'autre que moi ne semble les entendre. Je pousse Baptiste du coude et lui glisse à l'oreille :

– Tu n'as rien entendu ?

– Quoi ? me demande-t-il.

– Des bruits, des bruits bizarres…

– Chut, me dit-il, la maîtresse nous regarde !

En effet, la maîtresse me fixe avec de gros yeux.

– Joseph, peux-tu nous faire partager tes remarques ? Que disais-tu de si important à ton voisin ?

Je rougis. Je m'apprête à lui parler des bruits, mais je m'aperçois que les bruits ont cessé.

Je balbutie :

– Heu… rien, maîtresse.

Tout le monde rigole, et la maîtresse est obligée de frapper dans ses mains pour obtenir le silence. Le cours reprend.

Mais, de nouveau, j'entends les bruits. Cette fois, pas question d'en parler à qui que ce soit. J'essaie de me concentrer sur mon oreille tout en gardant les yeux rivés sur la maîtresse. Les bruits viennent d'en bas, je veux dire que les *cratch* et *critch* et autres petits froissements semblent provenir du sol. C'est peut-être une souris, pire : un rat ! Je me retiens de

crier et reste droit comme un piquet, le regard en direction de la carte des fleuves de France.

Mon cœur bat dans ma poitrine. Mes yeux sont attirés vers le sol. Dans une minute, je vais craquer et me baisser pour en avoir le cœur net (comme ça, il arrêtera peut-être de battre aussi fort). Je veux savoir ce qui se passe, je dois savoir ce qui s'agite à mes pieds.

Discrètement, je détourne les yeux vers le sol. Mais je ne repère rien d'anormal. Je me penche un peu, un peu plus et, soudain, je comprends tout. Les bruits viennent de mon cartable ! Sans le vouloir, je pousse un cri.

– Joseph !

La maîtresse est plantée à côté de ma table. Je ne l'ai pas entendue venir. Je me redresse sur ma chaise et la fixe comme si je découvrais un extraterrestre.

– Non seulement tu n'écoutes pas, mais tu empêches les autres d'écouter ! C'est la goutte d'eau qui fait déborder le vase ! s'écrie-t-elle.

– C'est à cause de lui que les fleuves débordent, ajoute un élève qui se trouve très drôle.

Et il faut croire qu'il l'est, parce que tout le monde rigole. La maîtresse ouvre la bouche pour dire quelque chose, mais la sonnerie retentit et j'ai l'impression qu'elle est soulagée. Mais pas autant que moi.

La maîtresse retourne à son bureau, les élèves se précipitent vers la sortie. Plus personne ne fait attention à moi. J'en profite pour m'emparer de mon cartable et je file dans la cour.

Chapitre 2
Le monstre du cartable

Je longe les murs pour que personne ne me voie. J'aperçois Baptiste qui regarde autour de lui. Il me cherche, c'est sûr. Mais je veux être seul pour explorer le contenu de mon cartable. Si c'est un copain qui m'a fait une blague en y glissant un truc bizarre, je ne veux pas que tout le monde le sache et qu'on se moque de moi.

Je parviens à me réfugier derrière le gros platane, dans l'angle de la cour où personne ne va parce que c'est tout près du local à poubelles et que ça sent mauvais. Je pose le cartable derrière l'arbre et, avant que j'aie eu le temps de l'ouvrir, j'entends : *berk, slurp, snifberk.*

Plus de doute : un monstre habite dans mon cartable.

Je m'arme de courage, respire un grand coup (mais pas trop longtemps parce que l'odeur est horrible) et je retire les sangles. Puis, précautionneusement, je soulève le rabat en me protégeant le visage. (Il se peut que j'aie affaire à un monstre sauteur.) Rien ne se passe. J'écarte les soufflets et scrute le fond du cartable.

Et là, je la vois… Recroquevillée entre le cahier de textes et le cahier de français, c'est elle, c'est ma mère !

Je me frotte les yeux pour m'assurer que je ne rêve pas.

– Maman ? C'est toi ?

Ma voix est toute chevrotante.

Elle me répond en criant du fond du cartable :

– Oui, mon canard, c'est moi ! Ne veux-tu pas me sortir de là et m'emmener un peu plus loin ? Ici, il y a une odeur épouvantable !

Je suis incapable de bouger parce que je crois vraiment que je rêve. Je lui demande :

– Mais qu'est-ce que tu fais ici ?

– Je suis venue t'apporter ton goûter. Tu l'avais oublié ce matin, en partant. Souviens-toi, le mardi, c'est le jour où tu restes à l'étude !

Je me penche vers mon cartable et aperçois deux tartines de confiture d'abricots (ma préférée), une compote de pommes, une brique de jus d'orange, un croissant et… Tiens, je me rends compte que le croissant est grignoté.

– Maman ! Tu as mangé la corne de mon croissant !

– Oui mon poussin, j'avais très faim !

– Mais tu as fait tellement de bruit en mangeant que la maîtresse s'est fâchée contre moi !

– Pardon, mon chéri, la prochaine fois, je ferai plus attention.

La prochaine fois ? Ma mère a bien dit « la prochaine fois ». Cela veut dire qu'elle a l'intention de recommencer. Mais alors que je suis sur le point de la supplier de ne plus se glisser dans mon cartable, je réalise que je suis en train de discuter avec une maman qui mesure dix centimètres. Elle me doit des explications.

– Maman, comment as-tu fait pour devenir aussi petite ?

– Mon chou, ça, c'est mon secret. Une maman qui aime son enfant comme je t'aime est capable de tout.

Je ne sais plus quoi dire. Je savais que ma mère m'aimait beaucoup, énormément, gigantesquement, mais j'ignorais que cet amour lui donnait le pouvoir de rapetisser pour m'apporter le goûter.

– Mon chaton, pourrions-nous nous éloigner un peu de cet endroit qui sent extrêmement mauvais ?

Je ne sais plus quoi faire. Je ferme les yeux et espère que, lorsque je les rouvrirai, tout sera rentré dans l'ordre : je serai en train de jouer au ballon avec Baptiste, la sonnerie retentira et je rentrerai en classe normalement, sans me préoccuper de mon cartable qui m'aura attendu au pied de ma chaise. Malheureusement, lorsque j'ouvre les yeux, je vois ma mère qui s'accroche aux spirales de mon cahier de français

pour sortir du cartable. Elle me demande de l'aider. Je n'ai pas le choix : on ne laisse pas sa mère s'essouffler et risquer de faire une mauvaise chute. Je la saisis par le bras et l'installe dans la paume de ma main.

– Merci, mon petit écureuil, je commençais à étouffer dans ce cartable.

La situation est grave. Je réfléchis à toute allure et décide de faire comme si tout était normal.

– Maman, je te remercie beaucoup de m'avoir apporté mon goûter. Mais maintenant, tu dois aller travailler. Tu m'as dit ce matin que tu devais finir d'écrire ton livre pour la semaine prochaine.

– Je n'ai pas envie d'écrire. Je veux rester avec toi. Je ne te dérangerai pas et je ne ferai plus de bruit. Je voudrais continuer à entendre la maîtresse parler des fleuves.

Je n'ose pas lui répondre que la maîtresse s'adresse à moi et à mes copains, mais pas à elle.

Il est l'heure de retourner en classe et je ne me sens pas le courage de lâcher ma mère par terre. J'ai peur qu'un enfant l'écrase en courant, ou qu'elle ne retrouve pas le chemin de la maison. Je la dépose délicatement dans le fond de mon cartable mais refuse le bisou qu'elle veut me faire. Je me dis qu'on règlera ça plus tard. D'habitude, ce sont les parents qui disent : « On règlera ça plus tard. »

Baptiste m'aperçoit alors que je m'apprête à monter l'escalier pour rejoindre la classe. Il me dit :

– Où étais-tu passé ? Je t'ai cherché partout.

– Ben quoi ? On n'est pas obligés d'être collés à chaque récré ! Tu m'embêtes à la fin !

Baptiste me regarde comme s'il me voyait pour la première fois. Mes mots sont sortis tout seuls. Mon ami hausse les épaules et me dépasse pour rejoindre les autres.

Je suis furieux contre moi et serre les poings. J'ai une boule dans la gorge. Lorsque je m'installe à côté de Baptiste en classe, je sens qu'il y a une distance entre nous. Je voudrais lui dire quelque chose, m'excuser, mais cette fois-ci, les mots ont du mal à sortir. Je pense à ma mère qui se tient à carreau parce qu'aucun bruit bizarre ne s'échappe de mon cartable. S'est-elle endormie, ou ouvre-t-elle grand ses oreilles pour écouter le cours ?

La maîtresse nous annonce que nous allons observer le mouvement des courants quand le fleuve rejoint la mer. Je me laisse guider par sa voix, ses paroles, et j'ai le sentiment d'être emporté moi aussi au fil de l'eau.

Chapitre 3
Une mère tout à fait normale

Baptiste ne m'attend pas à la sortie de l'école. D'habitude, nous faisons la première partie du chemin ensemble, puis nos routes se séparent au carrefour, devant la boulangerie. Baptiste a insisté auprès de ses parents pour rester à l'étude avec moi, le mardi. Mais aujourd'hui, il s'est installé à l'autre bout de la classe pour bien me montrer que je n'étais plus son copain. J'ai expliqué à Stéphane, celui qui surveille l'étude, que je n'avais pas besoin de sortir les affaires de mon cartable parce que je révisais ma poésie en la récitant dans ma tête. Je ne voulais voir ma mère sous aucun prétexte. Je voulais oublier qu'elle était là, tapie entre un cahier et une trousse. Je n'ai pas touché à mon goûter. La faim me tiraillait, mais pour rien au monde, je n'aurais mangé les tartines de confiture et le croissant grignoté par ma mère.

Je marche tout seul, mon cartable sur le dos, ma mère sur le dos.

J'arrive enfin devant chez moi. Je prends la clef dans ma poche et ouvre la porte. Je m'engage dans l'entrée comme si je pénétrais dans un lieu que je ne connaissais pas. Je crains quelque chose, mais je ne sais pas bien quoi. Je voudrais voir mon père, mais je sais qu'il ne rentre pas à la maison avant huit heures. J'entends des bruits familiers provenant de la cuisine. Je m'avance prudemment, comme si un danger me guettait.

Mais que vois-je, ou plutôt, qui vois-je ? Maman !

Elle est de taille normale, son visage est tout à fait normal, et elle me fait un grand sourire quand elle m'aperçoit.

– Mon chéri ! Te voilà. Je suis en train de te préparer ton dessert préféré : un gâteau fondant au chocolat avec des noisettes. Alors, comment s'est passée ta journée ?

Cette maman est ma vraie maman. J'en suis sûr. Je me précipite sur elle pour l'embrasser, son parfum au jasmin me prouve que c'est bien elle. Mais comment a-t-elle fait pour quitter mon cartable et retrouver son allure normale ?

– Maman… je lui dis, et je ne peux pas continuer ma phrase parce que je ne sais plus quoi dire.

Il faut que je vérifie quelque chose. Je retourne dans l'entrée et ouvre mon cartable. Et dans mon cartable, pas de goûter, pas de maman, seuls se trouvent mes cahiers et ma trousse.

Ma mère s'est approchée de moi.

– Mon chéri, me dit-elle, j'ai complètement oublié de te donner ton goûter. Tu dois mourir de faim !

Je la regarde droit dans les yeux et je lui dis :

– Maman, dis-moi la vérité.

Ma mère baisse la tête, triture son tablier de cuisine comme si c'était un doudou et m'avoue :

– Pardonne-moi, mon chouchou, mais je n'ai pas pu m'empêcher de venir te l'apporter.

– Mais, maman, comment as-tu fait pour rapetisser, pour mettre des tartines dans mon sac, pour les retirer, pour être là, devant moi, comme si tu étais une vraie maman ?

Ma mère plisse les yeux. Elle ne semble pas embarrassée par mes questions, mais on dirait plutôt une petite fille contente d'avoir fait une bonne blague.

Elle me répond :

– Mon trésor, ne sais-tu pas que les mamans, quand elles aiment leur enfant comme je t'aime, ont tous les pouvoirs ?

Je ne sais pas quoi répondre. J'ai envie de lui dire qu'à cause d'elle, j'ai failli me faire punir par la maîtresse. J'ai envie de lui dire qu'à cause d'elle, Baptiste ne veut plus me parler. Et en plus, je n'ai même pas goûté, tant je craignais de la voir au fond de mon cartable !

Au lieu de ça, je lui réponds :

– Merci maman.

Ma mère me prend dans ses bras et m'embrasse.

– Mon poussin, me dit-elle, je serai toujours là quand tu auras besoin de moi. Ne t'inquiète pas.

Mais justement, je m'inquiète. Pourtant, ma mère est bien ma mère. Elle me demande de lui montrer les devoirs que j'ai faits à l'étude, elle me demande d'aller ranger ma chambre, elle me demande d'aller prendre mon bain avant que papa n'arrive car nous passerons à table dès qu'il sera là.

Et papa arrive enfin.

– Alors, Joseph, qu'est-ce que tu racontes ? me demande-t-il dès qu'il me voit.

– Rien, tout va bien.

– Parfait, mon garçon, alors nous allons pouvoir passer à table. Ta mère nous a préparé un repas à sa manière !

Et il me fait un clin d'œil. Ma mère est une bonne pâtissière mais une horrible cuisinière ! Moi, je m'en fiche, mais papa n'en peut plus de manger du beefsteak trop cuit et des pâtes tous les soirs. Le week-end, c'est lui qui fait la cuisine et c'est, paraît-il, délicieux. Moi, je préfère le beefsteak trop cuit et les pâtes.

Pendant le repas, papa demande à maman :

– Alors, ton bouquin avance ?

– Je ne serai jamais prête, répond maman.

– Mais qu'as-tu fait aujourd'hui,

à part nous préparer ce délicieux repas ? demande papa en rigolant.

– Aujourd'hui ? murmure ma mère. Aujourd'hui, j'ai fait quelque chose d'absolument incroyable...

Je m'agite sur ma chaise. Elle va enfin expliquer comment elle a réussi à se glisser dans mon cartable. Mais ma mère reste les yeux dans le vague, et s'arrête de parler.

– Alors ? l'interroge mon père.

– Oh, mon chéri, si je te raconte, tu ne vas pas me croire.

– Essaie toujours !

– Lorsque, ce matin, j'ai réalisé que Joseph avait oublié d'emporter son goûter, je me suis précipitée derrière lui, mais, manque de chance, je suis arrivée au moment où les portes de l'école se refermaient. Alors, j'ai souhaité de toutes mes forces devenir toute petite pour me faufiler entre les grilles, j'ai couru jusqu'au cartable de Joseph et je me suis glissée dedans !

Papa sourit, donne une tape amicale dans le dos de ma mère et lui dit :

– Ma chérie, tu as une imagination débordante, mais…

J'interromps papa en criant :

– Tout ce que maman dit est vrai !

Papa me regarde, regarde maman, et conclut :

– Oh, je vois, vous êtes de mèche tous les deux ! D'accord, je m'incline, je veux bien croire tout ce que vous me racontez. Bon, je goûterais bien au dessert, moi. Qu'en pensez-vous ?

Mon père ne nous prend pas du tout au sérieux. Maman me jette un regard comme pour me dire que papa est vraiment terre-à-terre. Je réponds à son regard par une question :

– Peux-tu me dire la mer dans laquelle la Seine se jette ?

Maman répond du tac au tac :

– Dans la Manche, mon chéri. Et je le savais bien avant aujourd'hui.

Papa s'agite sur sa chaise.

– J'ai dû rater un épisode, dit-il en haussant les sourcils. Pas d'objection à ce que j'aille chercher le dessert ?

– Aucune, répond maman avec un grand sourire.

Ma mère est de très bonne humeur. Elle n'a pas du tout l'air d'avoir passé une journée entière dans un cartable. En fait, ma mère est tout à fait normale…

Chapitre 4
Le square

Les jours passent. Et ma vie est triste depuis que Baptiste n'est plus mon copain. Je me demande ce qui a pu le mettre en colère. Je lui ai mal parlé, c'est vrai, mais ça ne justifie pas qu'il ne veuille plus m'adresser la parole.

J'ai tenté d'aller le voir pour m'excuser, mais il m'a repoussé brutalement en me lançant :

– Toi, le pot de colle, va jouer plus loin !

J'ai dû me retenir pour ne pas pleurer, et je n'ai pas pleuré.

J'ai pensé aux fleuves qui se jettent dans la mer et, bizarrement, je me suis senti mieux. Je voudrais être un fleuve, je voudrais me jeter, je voudrais sentir les courants qui m'emportent et ne décider de rien. Je deviendrais de l'eau projetée dans la mer et je deviendrais la mer, avec des vagues, des reflets, des clapotements. Je serais des gouttes parmi les gouttes, mais je serais immense parce que nous serions des milliards de gouttes, et je ne serais plus seul.

Je me sens si seul.

Ce soir, à la sortie de l'école, je

décide de passer par le square. Le square, c'est un raccourci, mais mes parents m'ont interdit de l'emprunter parce qu'ils disent qu'il est mal famé. Mal famé, ça veut dire qu'il y a des clochards. Moi, les clochards, ils ne me font pas peur. Je suis sûr qu'ils voudraient, eux aussi, devenir la mer. Au moins, ils n'auraient plus à dormir dehors, ils n'auraient plus faim, ils n'auraient plus à tendre la main, ils seraient des gouttes parmi les gouttes, et ils ne seraient plus seuls.

– Eh, petit, viens voir par ici !

C'en est un. Un clochard, je veux dire. J'oublie tout ce que je viens de penser et j'accélère le pas en regardant droit devant moi.

– Eh, le môme, t'es sourd ou quoi ?

Ma mère me souffle à l'oreille : « Je t'avais bien dit qu'il ne fallait pas traverser le square. » Je me retourne, m'attendant à voir maman perchée sur mon épaule, mais non, j'ai dû rêver, pas de mère minuscule accrochée à mon oreille.

En revanche, je croise le regard du clochard qui tend sa main vers moi. Mais il ne mendie pas, c'est simplement un geste qui m'invite à le rejoindre. « Qu'est-ce que je fais ? » je me demande. « Rentre tout de suite à la maison ! », souffle ma mère à mon oreille. Je crois que je deviens fou. Et pour me prouver que ma mère ne peut pas être là quand elle n'est pas là, je me dirige vers le clochard.

L'homme est assis sur un banc. Il porte un manteau et des gants comme si on était en plein hiver. Il me sourit en me tendant un paquet de Pépito.

– Prends-en un, je suis sûr que tu aimes ça.

« N'accepte jamais de la nourriture de quelqu'un que tu ne connais pas. »

C'est encore ma mère. Mais je sais qu'elle a raison. Je décline l'offre du clochard alors que je meurs de faim et que le gâteau me fait très envie.

– Je dois y aller, maintenant, dis-je. Mes parents vont s'inquiéter.

– Allez, file, me répond-il. C'est gentil de ta part d'être venu me dire bonjour.

– Vous… vous restez là ?

Ma question est idiote, mais je n'ai pas pu m'empêcher de la poser.

L'homme me répond :

– J'aime bien cet endroit. Et ce banc en particulier. Tu vois, c'est ma chaise, ma table, mon lit… C'est mon bateau en quelque sorte.

– Il manque juste la mer.

L'homme sourit.

– La mer vient le soir, quand je m'allonge. Il suffit que je ferme les yeux et que j'y pense très fort. Alors, elle vient, et elle me berce, et je m'endors.

– Je dois vraiment y aller, maintenant, lui dis-je en m'éloignant.

– File, je t'ai dit !

– Au revoir.

Je quitte le banc et l'homme et la mer qui envahit le square quand la nuit vient et que je m'endors dans mon lit. Je me mets à courir comme si je fuyais quelque chose de triste. D'ailleurs, j'ai une boule dans la gorge qui me force à ralentir ma course, parce que je respire mal. Et quand j'atteins la sortie du square, j'ai l'impression de quitter un radeau.

Mais je n'ai pas le temps de reprendre mon souffle. À l'angle de la rue, trois silhouettes me barrent le chemin. Et parmi elles, je reconnais celle de Baptiste…

Chapitre 5
La montagne

Baptiste s'avance vers moi. Il a un air que je ne lui connais pas. Il serre les poings et prononce cette phrase :

– Ah, tu fais moins le malin, maintenant !

Je ne comprends pas pourquoi il me dit ça. Je lui demande :

– Quand est-ce que j'ai fait le malin ?

– Tu m'as dit : « On n'est pas obligés d'être collés à chaque récré. »

– Mais enfin, Baptiste, quand j'ai voulu m'excuser, tu m'as envoyé balader ! Je regrette de t'avoir dit ça, mais ça arrive à tout le monde d'être de mauvaise humeur. Et ce jour-là, j'étais d'archi mauvaise humeur !

Baptiste se tourne vers ses deux copains :

– Vous entendez ? Joseph était d'archi mauvaise humeur ! se moque-t-il en éclatant de rire.

Les deux autres, bien sûr, se forcent à rire et produisent des « Ah, ah, ah ! » bruyants et forcés. Ils s'approchent à leur tour, et Max, un garçon que j'évite soigneusement depuis le CP parce qu'il a l'air méchant, me touche l'épaule.

– T’es de bonne humeur ou de mauvaise humeur, aujourd’hui ?

Je sens le piège, mais je ne sais quoi répondre pour l’éviter.

– Je suis d’humeur moyenne, dis-je lâchement en sentant que ma voix tremble un peu.

– Qu’est-ce qu’on fait alors ? demande Max en se tournant vers Baptiste et l’autre garçon que je ne connais pas. On le tape moyennement ?

De nouveaux « Ah, ah, ah ! » insupportables résonnent autour de moi. Et immédiatement après, dans mon oreille : « Mon petit écureuil, ne t’inquiète pas, je suis là. »

– Ah non, pas toi, ce n’est pas le moment !

Je m'aperçois que j'ai prononcé ces mots à voix haute. Les trois garçons me regardent bizarrement. Max, celui que je crains le plus, me saisit le bras.

– C'est à moi que tu parles ?

Paniqué, je réponds :

– Non, je parle à ma mère.

Max et Baptiste éclatent de rire en frappant leur main contre leur tempe pour signifier que je suis complètement dingue. Le garçon dont je ne connais pas le nom, lui, semble intrigué par ce que je viens de dire. Il me demande :

– Elle est où, ta mère ?

Et là, quelque chose d'incroyable se produit. Une ombre gigantesque nous recouvre, comme si une montagne surgissait de terre à côté de nous. Baptiste, Max et le garçon dont je ne connais pas le nom poussent un hurlement et rebroussent chemin en

courant. Je n'ose pas lever la tête vers le monstre dont la silhouette se découpe sur la façade de l'immeuble. J'observe la façade, et l'ombre. Le monstre a des cheveux longs et porte une robe. Non, ce n'est pas possible, elle n'a pas pu faire ça !

Je me retourne et vois ma mère. Une mère de cinq mètres de haut, qui me sourit. Sa voix, quand elle s'adresse à moi, est puissante et fait trembler le sol.

– Mon petit écureuil, je n'allais tout de même pas te laisser te battre seul contre trois garçons ! Ce Max a une tête de plus que toi et, crois-moi, il t'aurait réduit en bouillie.

J'hésite entre le fou rire et les larmes. Je me demande même un quart de seconde si je ne deviens pas fou.

Ma mère reste là, contente d'elle, fière d'avoir fait fuir ceux qui voulaient me casser la figure. À choisir, je la préférais minuscule dans mon cartable.

– Maman, crié-je pour que mes paroles parviennent jusqu'à ses oreilles, je crois que j'aurais aimé me débrouiller tout seul !

Ma mère semble un peu vexée. Mais elle hausse les épaules, et ce mouvement agite les ombres sur la façade de l'immeuble.

– Mon chéri, une maman protège son enfant. Et donc, je suis une maman comme les autres.

– Toi, une maman comme les autres ?

Je manque de m'étrangler de rire. Je ris tellement que je suis obligé de m'accroupir en fermant les yeux.

C'est le moment que ma mère choisit pour disparaître car, quand je me relève, le soleil de nouveau illumine la façade et l'ombre de la géante a disparu.

– Maman ?

Je suis tout seul dans la rue à dire « maman », et une femme qui passe à côté de moi juste à ce moment-là me demande :

– Tu as perdu ta maman ?

Elle me parle comme si j'étais un tout-petit et ça m'énerve. Je lui réponds :

– Pas du tout, ma mère, elle est à la maison et elle m'attend. En plus, quand j'arriverai, elle fera comme si tout était normal ! Et moi, j'en ai assez. J'aimerais bien perdre un peu ma maman, justement, parce que ma mère, elle est partout !

Et je me mets à pleurer comme

un tout-petit. La femme pose son sac par terre et s'accroupit à ma hauteur pour me consoler.

– Pardon, mon chéri, c'est vrai que j'ai été un peu trop présente ces

temps-ci… Je ne t'ai pas vu grandir, mais tu es grand maintenant, et je te promets de te faire davantage confiance.

C'est maman. Ma vraie maman avec sa taille normale, sa voix normale. Elle semble vraiment très embêtée de me voir pleurer, et je crois qu'elle comprend pour de vrai pourquoi je pleure. Alors, je me jette dans ses bras et je laisse aller ma peine.

– Viens, Joseph, me dit-elle.

Je donne la main à maman, et nous prenons ensemble le chemin pour rentrer chez nous. Nous sommes silencieux, mais nous réfléchissons fort chacun de notre côté. Lorsque nous arrivons devant la maison, j'ai l'impression qu'on s'est dit plein de choses, même si nous n'avons pas échangé un mot.

Chapitre 6
Un réveil brutal

– Réveille-toi, il est l'heure d'aller à l'école !

C'est maman. D'habitude, elle me caresse la main et la joue pour m'extirper du sommeil en douceur. Mais ce matin, elle ouvre d'un grand coup sec les rideaux et la lumière inonde la pièce en me faisant cligner les yeux.

– Allez, allez, debout !

Je jette un œil sur le réveil : 7 h 00 ! D'habitude, maman me réveille au dernier moment pour me laisser dormir le plus longtemps possible.

Je grogne :

– Pourquoi tu me réveilles si tôt ?

– Parce qu'il n'y a plus de pain ! répond-elle du tac au tac. J'aimerais bien que tu ailles acheter une baguette, alors, ouste, hors du lit !

Je me frotte les yeux et me demande si je ne suis pas en train de rêver. D'habitude, quand je me lève, le petit déjeuner est prêt. L'odeur du chocolat chaud envahit la cuisine et les tartines de beurre et de confiture d'abricots (ma préférée) attendent sagement à côté de mon bol.

Ma mère sort de ma chambre et me houspille une dernière fois pour que je me dépêche. Je n'en reviens pas : elle ne m'a même pas embrassé !

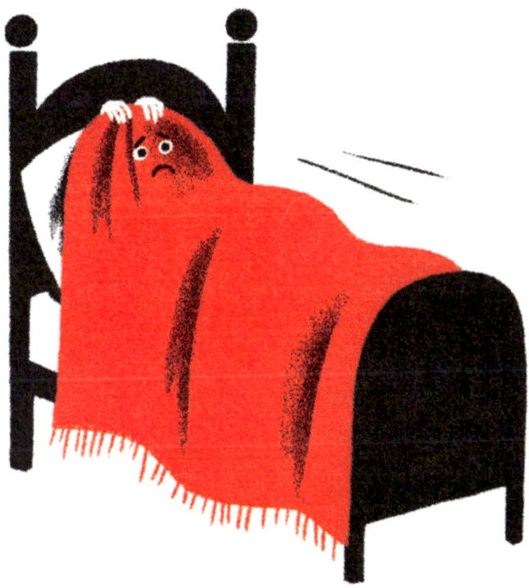

Je saute de mon lit et me précipite dans la cuisine pour vérifier que je ne suis pas dans un rêve. Non, je ne rêve pas : aucune odeur de chocolat ni de tartines grillées, mais mon père debout, le journal dans une main et une tasse de café dans l'autre.

– Bonjour fiston, me lance-t-il distraitement. Bien dormi ?

– Papa ?

– Oui ? me répond-il sans détourner les yeux de son journal.

– Je voudrais te poser une question.

– Pose, pose, fiston.

– Est-ce que maman et toi, vous allez divorcer ?

Mon père manque de s'étrangler en avalant sa gorgée de café et lâche son journal. Le gros titre s'étale par terre : LA GAUCHE PEUT-ELLE BATTRE LA CRISE ? Sur la photo, le nouveau président est déguisé en Superman.

– Pourquoi me demandes-tu ça ? m'interroge mon père.

– Parce que plus rien ne va à la maison. Et quand plus rien ne va à la maison, c'est parce que les parents vont se séparer.

Mon père me regarde comme s'il s'apercevait enfin que j'étais devant lui, en pyjama, et inquiet. Il s'assied et me demande de venir sur ses genoux. Cela fait une éternité que mon père ne m'a pas pris sur ses genoux.

– Pourquoi dis-tu que plus rien ne va à la maison ? me demande-t-il doucement.

Je manque de me mettre à pleurer. Tout ce que je trouve à dire, c'est :

– Tu vois, maman m'a demandé d'aller acheter du pain !

Mon père éclate de rire.

– Je dois admettre, réussit-il à prononcer entre deux fous rires, que rien ne va plus dans cette maison ! Mon fils de bientôt dix ans va devoir aller chercher une baguette à la boulangerie située à cent mètres sur le même trottoir !

Je serre les poings et ravale mes larmes. Mon père continue à rire en disant :

– Il était temps que ta mère se rende compte qu'elle te couvait un peu trop ! Moi, je suis ravi qu'elle t'ait demandé d'aller acheter le pain. C'est la preuve qu'elle a enfin admis que tu étais un grand garçon.

Je reste silencieux.

– Alors, c'est ça qui t'inquiétait, Joseph ? Et tu en as déduit, parce que maman t'a demandé de rendre un service, que nous allions divorcer ?

Je ne sais toujours pas quoi dire. Comment expliquer à mon père que maman s'est cachée dans mon cartable, puis qu'elle s'est transformée en géante pour faire fuir mes ennemis ? Je me frotte les yeux. Soudain, en pensant à tout ça, je me demande s'il est possible que j'aie inventé toutes ces histoires. Non, ce n'est pas possible, on ne peut pas inventer des choses aussi énormes !

Mon père insiste :

– Joseph, dis-moi ce que tu as sur le cœur.

Mais maman entre dans la cuisine en regardant sa montre et s'exclame :

– Mais enfin, Joseph, tu n'es pas habillé ? Tu vas être en retard ! Je t'avais demandé d'aller chercher le pain.

Bon, à ce stade, je ne retiens plus mes larmes. Je me mets à pleurer, et bruyamment en plus. J'ai un torrent de larmes, un fleuve de larmes, et la mer n'est pas assez grande pour les accueillir. Dans ma tête, je leur parle : « Sortez, allez voir ailleurs si j'y suis, roulez où vous voudrez, mais ne restez plus logées dans mon crâne ou coincées dans ma gorge. »

Chapitre 7
Ma mère est partout

Mon père et ma mère sont restés figés comme des statues. Ils ne s'attendaient pas à une crise de pleurs dès 7h30. Ma mère réagit enfin. Elle s'approche de moi et m'enlace.

– Mon écureuil, c'est parce que je t'ai demandé d'aller à la boulangerie que tu te mets dans cet état ? Pardon, mon ange, mais je croyais que tu…

Je l'interromps, je me mets à hurler :

– Ce n'est pas parce que je dois aller chercher le pain que je pleure ! Je pleure parce que je n'y comprends plus rien. Tu t'es faite toute petite pour entrer dans mon cartable et m'apporter mon goûter, et puis tu es devenue géante pour effrayer Baptiste et sa bande, tu crois que c'est facile d'avoir une mère qui ressemble à Gulliver ? En plus, tu agis comme si tout était normal et, finalement, c'est ça qui me fait le plus peur.

Je me remets à pleurer comme les fleuves, les fontaines, les torrents, les cascades, les chutes du Niagara, tout ce qui coule avec beaucoup de force et d'énergie.

Cette fois, c'est mon père qui prend la parole, mais il ne s'adresse pas à moi.

– Ma chérie, dit-il à ma mère avec un petit sourire, il serait peut-être temps que tu m'expliques ce que tu faisais dans le cartable de notre fils, et comment tu t'es transformée en géante.

– J'ai tout de même le droit d'avoir mes petits secrets, non ? lui répond-elle en lui faisant un clin d'œil.

– Ah bon ! s'exclame mon père en posant les poings sur ses hanches.

Et il ajoute d'une voix très grave :

– Alors comme ça, ma femme est une sorcière !

Ma mère éclate de rire.

Finalement, je ne crois pas que mes parents vont divorcer. Ils ont l'air de s'amuser comme des fous, tous les deux. Et mon père ne s'aperçoit pas du tout que ma mère est en train de le mener par le bout du nez !

Mais j'aime bien les voir rire. Et même si je suis furieux parce qu'on ne me prend pas au sérieux, je les regarde avec une petite joie au fond du cœur. En plus, ma mère, quand elle rit, elle est très très jolie.

Le temps passe, je ne vais pas m'habiller, le pain attend toujours chez le boulanger et l'horloge de la cuisine indique 7 h 45.

– Les mystères, conclut ma mère, font partie de la vie. Et sans ces mystères, on s'ennuierait beaucoup, vous ne trouvez pas ?

Je trouve soudain que ma mère a tellement raison que je prends l'euro sur la table de la cuisine, fonce dans ma chambre, m'habille en deux minutes top chrono à ma montre, et me précipite chez le boulanger.

Dans la rue, tout me semble beau. Il n'y a presque personne. Je croise un homme qui promène son chien. Je me penche vers le chien et je lui dis qu'il a de la chance. J'ignore pourquoi je prononce cette phrase. Le maître me sourit gentiment et m'informe que sa chienne s'appelle Françoise.

– C'est bizarre, comme nom, pour un chien, lui dis-je.

– Tout le monde me dit ça, répond l'homme.

Je n'oublie pas que je dois me dépêcher. Je salue l'homme et caresse

Françoise qui remue la queue de plaisir.

– Une baguette s'il vous plaît, dis-je en entrant dans la boulangerie.

Le boulanger me tend la baguette avec un grand sourire.

– Et voici, bonhomme.

Je n'aime pas trop qu'on m'appelle « bonhomme », mais je décide de ne pas entamer une discussion sur le sujet avec le boulanger.

Je repars en courant vers la maison. J'ai faim, j'ai envie de préparer mes tartines avec de la confiture d'abricots (ma préférée), de boire un grand chocolat et de partir à l'école.

À 8 h 20, j'embrasse mes parents, à 8 h 30, j'entre dans la cour de l'école et la sonnerie annonce le début des cours. Juste avant d'entrer en classe, Baptiste vient me voir et me dit :

– Quand est-ce qu'on se voit pour préparer l'exposé sur les fleuves de France ?

Je bredouille :

– T'es plus fâché ?

Baptiste me regarde bizarrement.

– Je n'ai jamais été fâché. Qu'est-ce que tu racontes ?

Là, soit je me dis que je suis fou, soit je reste raisonnable. Et la raison me dicte que j'ai rêvé si fort que j'ai cru que ma mère était réellement entrée dans mon cartable, et s'était réellement transformée en géante.

– Je plaisantais, dis-je à Baptiste. Mercredi prochain, si tu veux, on peut se retrouver chez moi.

– Cool, approuve Baptiste, et il me tend sa main pour que je tape dedans.

Cool, me répété-je en sortant de

l'école, en traversant le square. Cool, me dis-je encore sans savoir pourquoi ce mot envahit ma tête. Et je m'arrête. Je reconnais le clochard qui m'avait offert des Pépito. J'espère que je n'ai pas rêvé le moment où j'ai parlé avec lui. Il me rassure en m'interpellant.

– Eh, petit, viens par ici.

(Je n'aime pas trop non plus qu'on m'appelle « petit », mais, là encore, je capitule.)

Je m'approche. Il me tend un paquet de Pépito qui n'a pas été entamé.

– Tu vois, je les ai achetés exprès pour toi. Tu veux bien qu'on ouvre le paquet et qu'on se les partage ?

Il n'y a personne à mon oreille pour me dire de passer mon chemin. Alors, je m'assieds à côté du clochard et il ouvre le paquet de gâteaux. J'en prends un, puis deux, puis trois. Il rit, il est content que j'accepte ses Pépito. Je ris aussi, et je ne sais pas bien pourquoi. Je suis heureux d'être assis sur un bateau en pleine mer à

côté d'un marin qui m'offre de quoi me ravitailler. Je me sens grand et fier de connaître un homme qui transforme les bancs en bateaux.

– Tu devrais rentrer, maintenant. Tes parents vont s'inquiéter, me dit-il.

Je me lève, le remercie, et lui promet de revenir le voir.

Il me chasse d'un mouvement de main.

Le mot « cool » ne se colle plus à mon palais, et je rentre chez moi sans pensées.

Ma mère m'accueille avec un grand sourire. Elle vient de finir d'écrire son livre.

– Mon trésor, mon poussin, mon petit écureuil, tu ne peux pas savoir comme je suis contente !

Je la regarde de biais. J'en ai assez des écureuils et de tous ces petits noms dont elle m'affuble.

Elle le comprend, elle se reprend, elle me dit :

– Pardon, Joseph, parole de minuscule-géante-maman-envahissante. Mais, ne m'en veux pas s'il m'arrive encore de t'appeler mon petit écureuil…

Cette fois, je ne rêve pas : ma mère était réellement dans mon cauchemar cette nuit. Ma mère est partout !

Je me jette dans ses bras en l'implorant :

– Fais-moi confiance, maman, j'ai presque dix ans !

– Je sais mon petit écureuil… heu, mon Joseph, j'essaierai de ne pas l'oublier.

Je pense aux fleuves qui se jettent dans les mers, aux gouttes d'eau qui se débrouillent toutes seules dans l'immensité si grande qu'on ne peut pas l'imaginer, et je frissonne.

Mais la pensée de l'exposé avec

Baptiste me rassure. On parlera de tout ça parce que, Baptiste, c'est un vrai copain. Je lui dirai tout, absolument tout, même s'il rigole et qu'il me dit que je suis un peu fou.

– Alors, c'est cool ! dis-je à ma mère.

Elle hausse les épaules. Elle déteste ce mot… Mais moi, je l'aime, et je répète :

– C'est cool.